Bibliografische Information der Deutschen Nationalbibliothek:

Die Deutsche Bibliothek verzeichnet diese Publikation in der Deutschen National-
bibliografie; detaillierte bibliografische Daten sind im Internet über http://dnb.d-
nb.de/ abrufbar.

Impressum:

Copyright © 2016 GRIN Verlag, Open Publishing GmbH
Druck und Bindung: Books on Demand GmbH, Norderstedt Germany
ISBN: 9783668594258

Dieses Buch bei GRIN:

https://www.grin.com/document/379248

Anonym

Drogenkartelle in Mexiko. Kritik an der Narco-Kultur in „Trabajos del Reino" von Yuri Herrera

GRIN Verlag

GRIN - Your knowledge has value

Der GRIN Verlag publiziert seit 1998 wissenschaftliche Arbeiten von Studenten, Hochschullehrern und anderen Akademikern als eBook und gedrucktes Buch. Die Verlagswebsite www.grin.com ist die ideale Plattform zur Veröffentlichung von Hausarbeiten, Abschlussarbeiten, wissenschaftlichen Aufsätzen, Dissertationen und Fachbüchern.

Besuchen Sie uns im Internet:

http://www.grin.com/

http://www.facebook.com/grincom

http://www.twitter.com/grin_com

Bachelorarbeit der Philosophischen Fakultät
an der Leibniz Universität Hannover

vorgelegt von

Stefan Schlee

Abgabedatum: 26.01.2016

<u>Kritik an der Narco-Kultur in</u>
<u>„Trabajos del Reino" von Yuri Herrera</u>

Inhaltsverzeichnis

„Miren lo que son las cosas,
 Y el poder hasta que onda llega.

Pues se les volvió a escapar.
El Chapito de las celdas
Creo que no hay seguridad,
Que a este señor lo detengan.

Ahora si que es una burla,
Pal gobierno mexicano
Pues por medio de otro túnel,
Se escapo del altiplano.

Y ahora traen en movimiento,
Al gobierno americano.

El señor Guzmán Loera,
Lo será por todo el tiempo
El capo más poderoso,
Que se burlo del gobierno
Porque de esa inteligencia,
El chapito se está riendo."

(El Komander; 2015- La fuga del Chapo Guzmán)

1. Einleitung

In Mexiko herrscht seit Jahren ein Drogenkrieg, der zunächst nur unter den rivalisierenden Kartellen ausgetragen wurde, jedoch mit der Wahl 2006 des Präsidenten Felipe Calderón (2006-2012) seinen Höhepunkt erlangte, indem Calderón den Drogenkartellen den Krieg erklärte. Durch den innerstaatlichen Krieg gab es im Zeitraum zwischen 2006 und 2014 mehr als 80.000 Todesopfer und mehr als 20.000 Vermisste in Mexiko (Bauszus; 2014).

Eines der Kartelle, und zugleich das Mächtigste, ist das Sinaloa-Kartell im Westen Mexikos. Angeführt wird dieses vom Drogenboss Joaquín „El Chapo" Guzmán Loera. Sogar die USA hat „El Chapo" zum zweiten Mal zu ihrem Staatsfeind Nummer eins, nach 2013, erklärt. Zurzeit geht die Persönlichkeit des 1,60 Meter großen Anführers des Sinaloa-Kartells durch sämtliche Medien, da Guzmán bereits nach 17 Monaten Gefängnisaufenthalt durch einen für ihn errichteten 1,5 Kilometer langen Tunnel fliehen konnte, jedoch am 7. Januar 2016 wieder gefasst werden konnte (Ahrens; 2015).

Nach 2013 konnte er zum zweiten Mal aus einem Hochsicherheitsgefängnis entkommen. Durch die spektakuläre Flucht aus dem Gefängnis, im Juli 2015, ist um Joaquín Guzmán weltweit ein großer Hype entstanden. Es werden Loblieder über Guzmán verfasst, in Form eines Sub-Genres (Narco-Corrido) des traditionellen Gesangs Mexikos, der *Corrido*, um die Bewunderung über den Drogenboss auszusprechen (Abb.4).

Der Drogenkrieg hat Überhand in Mexiko genommen, wodurch in der Literaturwissenschaft ein neues Genre namens *Narcoliteratura* entstanden ist. Diesem Genre nimmt sich auch der mexikanische Autor Yurri Herrera an, der in der Grenzstadt Juaréz (Mexiko), in der die Ausmaße des Drogenkrieges besonders ersichtlich werden, aufgewachsen ist. Seine Novelle „Trabajos del Reino" erzählt von dem Phänomen der Drogenkartelle in Mexiko.

Zurzeit sind die *Narcocorridos* in Mexiko beliebter als jemals zuvor. In diesen wird mit Reichtum, Macht und Frauen geprahlt und dadurch werden perspektivlose junge Mexikaner dazu verleitet, sich den illegalen Machenschaften der Kartelle anzuschließen. Dabei wird nicht über mögliche Folgen und dessen Konsequenzen, durch den Eintritt in ein Drogenkartell, nachgedacht. Diese Konsequenzen macht sich Yuri Herrera zum Thema, indem er das Leben in einem Drogenkartell beschreibt.

Doch wie gelingt es Yuri Herrera das Leben in einem Kartell, trotz der steigenden Anzahl an

Mitgliedern, durch die gezielte, pompöse Außendarstellung des organisierten Verbrechens, als einen Ort der Gefahren und negativen Beeinflussung der Mitglieder darzustellen?

Dieser Frage möchte ich nachgehen, indem ich zunächst einzelne zentrale Begriffe kläre, die für das Grundverständnis der Thematik des Buches und der weiteren Analyse der Fragestellung nützlich sind. Zu diesen Begrifflichkeiten gehören die Narco-Kultur, *Narcocorrido* und die Narco-Literatur.

Um die Kritik an der Narco-Kultur in „Trabajos del Reino" herauszuarbeiten, werde ich die Kritik auf der inhaltlichen Ebene darstellen um mich daraufhin genauer der Macht des Drogenbosses widmen zu können, da diese Totalität des „Königs" der Auslöser für die Entwicklungsprozesse des Hauptprotagonisten Lobo[1] ist, an denen erkennbar wird, wie sehr die Narco-Kultur die geistige Entwicklung eines Mitgliedes beeinflussen kann.

Im letzten Kapitel des Hauptteils werde ich mittels der Novelle „Trabajos del Reino" untersuchen ob Yuri Herrera dem Leser Schwächen des Narco-Systems aufzeigt um der Narco-Kultur entgegenzuwirken.

---

[1] In dieser Arbeit verwende ich für die Protagonisten Synonyme, bzw. deutsche Übersetzungen. So nutze ich für den Hauptprotagonisten Lobo statt *el Artista*, Künstler. *El Rey* wird in dieser Arbeit Drogenboss oder König genannt. *La Cualquiera* ist die X-Beliebige, *la Bruja* ist die Hexe. El Joyero als Juwelier, *el Periodista* als Journalist und der *Heredero* ist der Erbe.

2. Zusammenfassung von „Trabajos del Reino"

In dem Roman „Trabajos del Reino" vom mexikanischen Autor Yuri Herrera handelt es sich vermutlich um eine mexikanische Stadt nahe der Grenze zu den USA - es könnte Ciudad Juarez sein oder Tijuana oder eine andere der berüchtigten Grenzstädte die für den Austausch von Drogen zwischen den USA und Mexiko bekannt sind. Yuri Herrera, der das Leben in einem Drogenkartell und dessen Strukturen dem Leser verdeutlichen möchte, nennt in seinem Roman keine Namen, weder einer Stadt, noch die Namen der Protagonisten, mit einer Ausnahme den des Hauptprotagonisten „Lobo". Ebenfalls wird das Thema des Drogenhandels nicht explizit angesprochen, lediglich werden Andeutungen des Autors zum Geschäft mit den Drogen gemacht.

Der Hauptprotagonist Lobo lebt als obdachloser Straßenmusiker in den Nebenstraßen einer der Grenzstädte Mexikos. Als kleiner Junge wurde er von seinen Eltern zurück gelassen. Lobos Vater hinterließ ihm sein Akkordeon um durch das Singen seinen Lebensunterhalt zu sichern.

Beim Singen der traditionellen „Corridos" in einer Kneipe wird er von einem Drogenboss (el Rey) "entdeckt", und damit ändert sich für Lobo alles.

Der „König" gibt Lobo einen Platz in seinem Königreich, jedoch nur unter der Voraussetzung, dass Lobo, genannt der Künstler, Lobeshymnen über den König singt und diese verbreitet. Durch diese „Narcocorridos" erlangt der Künstler Anerkennung am Hof und ist ein gefragter junger Mann, der sich mit der Zeit das Vertrauen des Königs verdient und kaum noch von seiner Seite weicht, da er die Heldentaten glaubt, die er verfasst. Er singt nicht nur Lieder über die Wohltaten des Königs, sondern auch über das brutale Verhalten von einfachen Mitgliedern des Hofes. Dabei singt er über das „Fingerabzwacken" oder auch über das Sammeln der Zähne von Opfern als Souvenir. Jeder der sich am Hof ein Loblied vom Künstler wünscht, soll auch eines erhalten. Durch diese Lieder wechselt Lobo auf die Seite der „Guten" und wird zu einem Propagandisten der Brutalität des Drogenkartells.

Während dieser Zeit lernt er die Strukturen im Kartell kennen. Jeder Protagonist im Buch wird benannt nach seiner Aufgabe am Hof wie zum Beispiel der Journalist, der Erbe, der Juwelier.

Im Palast beginnt Lobo, der im Palast „Künstler" genannt wird, Bücher zu lesen, die ihm der vom König gekaufte Journalist leiht; und je mehr er Worte verstehen und einzusetzen lernt, desto klarer wird sein Blick auf die wichtigen Figuren des Kartells, auf die Strukturen der Gewalt, in der sie alle leben.

Des Weiteren wird der Künstler Zeuge von Intrigen, welche zu zwei Morden an Mitglieder des Hofes führen. Ebenfalls lernt der Künstler die eigentlichen Geschäfte des Königs kennen, bei denen es sich um Drogenhandel zwischen dem König und anderen Kartellen handelt. Der Künstler hat bei dem Tauschgeschäft mit Drogen und Geld jedoch keine moralischen Bedenken, da er weiterhin völlig verblendet von der Größe des Königs sowie des Hofes ist.

Schließlich verliebt er sich in eine junge Frau „la Cualquiera", die sich als Tochter des Königs herausstellt. Dieser ist mit „la Bruja" (die Hexe) verheiratet. Diese zwei verbindet ein Geheimnis, welches dem Künstler am Ende des Buches zum Verhängnis wird.

Die zwei Morde, die auf grausame Art und Weise begangen wurden, werden einem Verräter angehängt, welcher jedoch zu finden und zu bestrafen gilt. Diesen zu entlarven wird zur Aufgabe des Künstlers. Dieser soll sich getarnt als „freier Narco-Sänger" in das Kartell eines anderen Drogenbosses einschleusen, um den Verräter dadurch zur Strecke zu bringen.

Als er am Hof seines „wahren" Königs erscheint, wartet dieser dort bereits auf ihn. Doch bevor der Künstler dem König über seine erfolgreiche Arbeit berichten kann, unterbricht ihn der König. Dieser zeigt dem Künstler eine Überschrift einer Zeitung. Die Drogenballade, welche der Künstler im anderen Kartell vorsang, war das Geheimnis, welches zwischen dem König und seiner Frau, der Hexe, bestand. Der König und seine Frau sind nicht in der Lage, einen männlichen Nachfolger auf seinen Thron zu zeugen. Dieses, ab nun, offene Geheimnis schwächt den König und somit auch sein Reich. Die Macht des Königs war verschwunden.

Bevor der König die Chance hat, den Künstler umzubringen, erscheinen Polizisten um den König festzunehmen. Dem Künstler gelingt die Flucht und verlässt den Hof. Draußen angekommen, erwartet ihn die X-Beliebige. Von diesem Zeitpunkt an versteht Lobo, dass er von der Schönheit des Palasts und der Größe des Königs geblendet wurde und das wahre Leben außerhalb von Mauern herrscht. Er freut sich auf ein gemeinsames Leben mit der X-Beliebigen, doch entschließt sie sich, den Sänger zu verlassen.

Somit steht Lobo wieder am Anfang seines alten Lebens, jedoch mit der Erkenntnis, dass er seinen Platz in der Gesellschaft gefunden hat sowie auch seine Aufgabe, ehrliche Menschen mit seinen *Corridos* zu unterhalten.

3. Begriffsbedeutungen

3.1. Narco-Kultur

Die „Narco-Kultur" ist eine von vielen Sub-Kulturen [2] in Mexiko. Diese ist ein Ausdruck von Macht, welche auf materielle Güter basiert und sich verschiedener Symbole bedient (Maihold; 2012, 64).

Die Objekte, wie Waffen, Uhren oder auch Handys sind mit Gold verfeinert. Dadurch demonstriert der Narco seine Macht und Reichtum nach außen. Es entsteht der Eindruck einer Kultur des Protzes und einer Mentalität von *„todo vale para salir de pobre, una afirmación pública de que para qué se es rico si no es para lucirlo y exhibirlo "* (Maihold; 2012; 64)

Daraus entsteht der Eindruck der Straffreiheit, woraus wiederum resultiert, über dem Gesetz zu stehen und die Fähigkeit die eigene Rangordnung sowie die eigene Justiz und Gerechtigkeit durchzusetzen (Maihold; 2012, 70).

Die Narco-Kultur wird als eine Art „Netzwerk von Bedeutungen" verstanden. Damit wird gemeint, dass diese Kultur häufig in Verbindung mit Gegenständen gebracht wird: auffällige Kleidung, pompöse Häuser, Schmuck und protzige Autos sowie repräsentative Musik (Maihold; 2012, 70).

Greift man die eben genannten Gegenstände noch einmal auf und fügt zu jedem einzelnen Gegenstand das Präfix „Narco" hinzu, so erhält man eine Signatur, ein Erkennungsmerkmal einer Firma oder eines Betriebs, wie in diesem Fall bei der Narco-Kultur. Dadurch werden charakteristische Markenzeichen für/von Personen erstellt, welche sich an diesem Betrieb, in diesem Fall an dem Drogenhandel, beteiligen. Ein typisches Markenzeichen ist zum Beispiel die unter den „Mitgliedern" gemeinsame Nutzung von verschiedenen Elementen die im Zusammenhang mit dem Drogengeschäft stehen. Dazu wird beispielsweise das gezeichnete Marihuana-Blatt gewählt, welches die Anhänger der Narco-Kultur auf ihren Hüten, Gürteln oder auch Schuhen tragen.

---

[2] Mit Subkultur(en) bezeichnet man Lebensformen, die Teil eines größeren kulturellen Ganzen sind, jedoch Normenordnungen, aufweisen, die von der Gesamtkultur abweichen. Das Maß dieser Abweichung schwankt. Es vom Status von Teilkulturen, die in das übergeordnete soziale System weitgehend integriert sind, bis hin zu Gruppen, die als Gegenkultur auftreten (Stangl; 2011).

Auch wenn das Geschäft mit den Drogen illegal ist und auch der Grund für die hohe Anzahl an Todesopfern in Mexiko, steigt die Anzahl der Mitglieder und Anhänger Tag für Tag, sodass sich der Drogenhandel in Mexiko National sowie Transnational verbreitet. In Zahlen ausgedrückt bedeutet diese Expansion des Drogenhandels, dass sich in etwa 1 Prozent der mexikanischen Bevölkerung mit der Kultur der Drogenhändler identifiziert (Maihold; 2012, 71).

Spricht man über den Drogenhandel, so spricht man von dem Nichtvorhandensein von Grenzen zwischen Ländern, denn das Phänomen des Drogenhandels ist ein globales Phänomen. Dabei kann man sich nicht nur auf die mexikanischen Dealer und den Drogenkrieg in Mexiko beziehen, sondern auch auf die Drogendealer in Kolumbien, die Mafia in Italien oder auch das Geschäft mit den Drogen in den USA. Jedoch ist es anders, sobald über die Narco-Kultur gesprochen wird. Die Narco-Kultur hat ihre eigene Struktur und einen besonderen Stellenwert in der Welt des Drogenhandels. Außerdem ist diese Struktur der Bedeutungen an jedem Ort unterschiedlich. Jedoch muss das Thema des Drogenhandels als eine Sache angesehen werden, und die Kultur der „Narcos" als eine andere Sache, auch wenn diese zwei Sachen voneinander abhängig und untrennbar sind (Gómez/Figueroa; 2013, 3-4).

Es ist also möglich über den Drogenhandel zu sprechen, ohne die Narco-Kultur zu erwähnen, jedoch nicht andersherum. Es existiert also keine Definition zum Begriff „Narco-Kultur", welche die Vielfalt der Merkmale, noch die Territorialität berücksichtigt.

In dieser Arbeit geht es jedoch ausschließlich um das Phänomen der Narco-Kultur in Mexiko, da davon auszugehen ist, dass jedes Land seine eigenen Verhaltensweisen aufzeigt, obgleich beim Thema Drogengeschäft über ein transnationales Phänomen gesprochen wird.

Der Drogenhandel gab Platz für die Entstehung einer Reihe von Beziehungen und sozialen Prozessen, welche nicht nur die Kartelle als spezieller Akteur einbeziehen, sondern auch die Beteiligten die direkt oder indirekt von dem Drogenhandel profitieren. Dadurch entsteht eine „Drogen-Gesellschaft", als Ausdruck einer soziokulturellen Umgebung.

Allerdings handelt es sich dabei nicht nur um die Illegalität der Aktivitäten, sondern dass die Strukturen das soziale Gefüge betreffen und durchdringen, um so die Aktivität des Drogenhandels als Normalität dazustellen (Villatoro; 2013, 59-61).

Dadurch hat die Narco-Kultur immer mehr an Bedeutung und Bekanntheit im öffentlichen Leben gewonnen und die Kartelle versuchen ihre Werte, Normen und Regeln der Gesellschaft aufzudrängen. Durch die Etablierung ihrer Normen in der Gesellschaft wird erreicht, dass die Bevölkerung eine verfälschte Idee der Welt, der Kriminalität und der eigenen Gesellschaft bekommt (Maihold; 2012, 62-63).

Wie ich bereits erwähnt habe, verbindet man mit der Narco-Kultur die Themen Narco-Musik, Narco-Architektur, Narco-Autos und vieles mehr. Die ursprüngliche Bedeutung des Begriffs „Narco" hat sich jedoch im Laufe der Zeit gewandelt. Abgeleitet wurde der Begriff „Narco" aus dem altgriechischen „narkoun- deutsch- lindern/beruhigen". Durch das voran gestellte Wort „Narco" in Verbindung mit jedem anderen beliebigen Wort, werden diese in Zusammenhang mit Drogen gebracht. Die originale Bedeutung wurde bis zu Beginn des 20. Jahrhunderts wertefrei und hauptsächlich im pharmazeutischen Sinne verwendet. Seit einem knappen Jahrhundert wird der Begriff „Narco" in erster Linie mit Betäubungsmitteln im juristischen Sinne in Verbindung gebracht. Seitdem trägt dieser Begriff eine negative Konnotation mit sich (Astorga; 2004, 23-24).

 Beim Gebrauch des Wortes „Narco" ist es irrelevant ob die Herstellung eines Produktes für oder über die Drogenhändler angefertigt wurde. Aus diesem Grund muss unterschieden werden zwischen dem was von innerhalb dieser kriminellen Gruppen ausströmt und jenem, welches von außerhalb der Gruppen entstammt, welches mit dem Drogenhandel und all seinen Facetten in Verbindung gebracht wird. Somit ist es notwendig den Gebrauch von „lo narco" und „el narco" zu differenzieren.

Spricht man von „lo narco", geht es darum, was man sich unter „el narco" vorstellt. „Lo narco" ist also die gesellschaftliche Darstellung der Drogenhändler, die durch Sitten, Riten und Normen, durch die Kartelle, aufgebaut wurde (Maihold; 2012, 66-67).

Lo narco no es precisamente, el narco. Lo narco es lo que sobre el narco se imagina. Lo narco es la representación social reconstruida a partir de la emanación de sentido en torno de usos, costumbres, ritos y prácticas de los que comercian con drogas ilegales. [...] La narcotidianidad es el vecino que, harto de vivir apegado al decálogo de "la cultura del esfuerzo", "apretarse el cinturón" y "empujar parejo", decide prosperar económicamente de la noche a la mañana y erige una "tiendita" en su cochera.

Somit kann man festhalten, dass der Zwischenraum von „el narco" und „lo narco" die Narco-Kultur ausmacht. Die Narco-Kultur entstand durch das kriminalisierte Verbrechen, aber auch durch die kollektive Wahrnehmung der Gesellschaft. Die Narco-Kultur kann man also definieren als „eine Gruppe von Verhaltensweisen und Werte, ihrer eigenen Geheimsprache, Symbolik und Bedeutungen", welche durch die Drogenhändler konstruiert wurden.

Die Narco-Kultur bestimmt in gewissen Regionen Mexikos den Alltag. Die Kartelle werben damit, was der Staat der Bevölkerung nicht bieten kann: einen Job mit gutem Einkommen und dem damit verbundenen Luxus. Armut und fehlende Perspektiven treiben die Jugendlichen letztendlich in die Hände der "Narcos". So auch im Buch „ Trabajos del reino" in dem der Hauptprotagonist keinerlei Perspektive hat. Die Sehnsucht nach Anerkennung und einem besseren Leben treibt ihn in die Hände des „Königs". Für einen Moment lang wird Lobo in eine Welt voller Reichtum, Frauen und Respekt eingeführt.

In Mexiko ist eine große Begeisterung rund um die *Narcos* entstanden. Ihr Handeln scheint in vielen Gebieten Mexikos akzeptiert und anerkannt zu sein, obwohl die Kartelle Schuld am Tot von tausenden Menschen sind.

Die Anerkennung entsteht durch Investitionen in die Infrastruktur (Schulen, Krankenhäuser) der Armenviertel und in abgelegene Dörfer. Aber wie bereits erwähnt, auch durch die Vergabe von Berufen, die für die Kartelle notwendig sind. Folglich werden sie dort von den Bürgern und lokalen Politikern geschützt und teilweise sogar geschätzt

Dieses Phänomen der Anerkennung der Narco-Welt wird ebenfalls im Buch beschrieben, indem der Kartell-Boss jeden Monat eine Audienz für die Bürger hält und der sich deren Wünsche und Problemen annimmt (Herrera; 2010, 58).

Betrachtet man die hierarchische Struktur der Drogenkartelle, so erkennt man Parallelen zu den Führungsstrukturen der italienischen Mafia. Sollte der Kartell-Boss, sei es durch Verhaftung oder durch Mord eines konkurrierenden Syndikats, nicht mehr die Spitze des Kartells anführen können, folgt diesem in den meisten Fällen ein Verwandter, wie beispielsweise beim Tijuana-Kartell im Jahr 2002. Dabei folgte auf den Boss zunächst der erste Bruder, woraufhin nach dessen Tod der zweite Bruder Chef dieser „Organisation" wurde. Bisher ist kein Fall bekannt, bei dem Mitglieder des Kartells den Boss gestürzt hätten. Dieses zeigt zum einem das

Vertrauen sowie den Respekt vor dem Anführer des Kartells, aber auch den Zusammenhalt innerhalb dieser Gruppierungen. Ähnlich verlief die Nachfolge auf den Thron bei weiteren mexikanischen Kartellen (Golf-Kartell, Juarez-Kartell) (Hoffmann, 2009; 63).

Im weiteren Verlauf dieser Arbeit werde ich mich mit Produkten auseinandersetzen, welche aus der Narco-Kultur hervorgegangen sind. Dazu werde ich mich auf den *Narco-Corrido* sowie auf die Literatur über die *Narcos* konzentrieren. Diese zwei Narco-Produkte sind die Grundlagen de

Buches von Yuri Herrera „Trabajos del Reino" und somit für eine genauere Bearbeitung meiner Ausgangsfrage notwendig.

3.2. Narco-Corrido

Der *Narco-Corrido* ist das Produkt, durch welches die Narco-Kultur am Stärksten in der Öffentlichkeit repräsentiert wird.

Das Phänomen des *Narcocorridos* wird von Eric Lara als all jene *Corridos* bezeichnet, in denen die Themen des Drogenhandels (*Narcotráfico*) vermittelt werden und/oder dessen zentrale Thematik die Illegalität behandelt (Lara; 2005, 61).

Des Weiteren fügt Lara an, dass der traditionelle *Corrido* ursprünglich eines der wichtigsten Mittel zur Informationsverbreitung innerhalb der mexikanischen Bevölkerung war.

> *De forma más general, se sabe que el corrido ha pasado a ser aquella forma de la música mexicana en la que se transmiten, de gente en gente y de generación en generación, las historias de la vida cotidiana de los pueblos, de los personajes políticos y de los bandoleros regionales y nacionales.* (Lara; 2003, 212)

Die wichtigste Funktion, welche der *Corrido* während des 20. Jahrhunderts hatte, war die Verbreitung von Ereignissen, die sich in der Zeit der mexikanischen Revolution von 1910 abspielten. In diesen *Corridos* wurden Geschichten von Helden erzählt, welche als Freiheitskämpfer agierten. Dieser Held gab dem Dorf die Hoffnung zurück, welche durch die politische Situation in ihrem Land verloren ging. Aus diesem Grund entfaltete sich der *Corrido* rasant und gewann immer mehr an Popularität in Mexiko (Lara; 2003, 213).

In den *Corridos* wurden die Sehnsüchte, Hingaben, Frustrationen und Sympathien vieler Teile der mexikanischen Bevölkerung wiedergespiegelt. Die *Corridos* formten die Entstehungen von Helden und Anti-Helden, Mythen und Legenden (Lara, 2003: 214).

Auf die „*Corridos de la Revolución mexicana*" folgten die „*Corridos de Contrabando*". Bei diesen Corridos ging es um das Schmuggeln von illegalen Substanzen wie dem Alkohol, zur Zeit der Prohibition in den USA (1920-1933)[3], Marihuana oder Tabak. Außerdem wurden die „Bandoleros", also die Banden, als gutmütig mit einem großen Herzen beschrieben, da diese die Hilfsbedürftigen unterstützen (Gómez/Figueroa; 2013, 5-6).

Abgelöst wurde der „*Corrido de Contrabanda*" von dem „*Corrido de los Narcos*" oder auch „*Narco-Corrido*".

Zusammenfassend kann man, in Bezug auf die mündliche Verbreitung von Ereignissen, von einer „historischen Entwicklung" sprechen, welche mit dem „*Corrido de la Revolución*" begann, und der „*Corrido de Contrabanda*" durch den „*Narco-Corrido*" fortgesetzt wurde und bis heute Geschehnisse aus der Welt der *Narcos* verbreitet (Gómez/Figueroa; 2013, 6).

Betrachtet man das Wort „*Corrido*" genauer, so stellt man fest, dass dieses vom Verb „*correr*" abstammt. Übersetzt bedeutet *correr* „fließen" oder „rennen". Dieses Verb beschreibt den typischen Charakter eines *Corridos*, da eine klare Erzählstruktur verwendet und somit „fließend" präsentiert wird.

Der *Corrido* wird in jedem Dorf Mexikos gesungen. Dabei werden verschiedenste Themen besungen, welche das Leben der Bevölkerung betreffen, wie beispielsweise das Sozialleben, die Kultur, die Politik, die Religion oder auch die Ökonomie.

Der *Narco-Corrido*, welcher einen wichtigen Part im Buch von Yuri Herrera einnimmt, dient, so Luis Astorga, als Wahrnehmung der Kultur in Mexiko und des Alltags der Drogenhändler, als Spiegel einer Welt und einer Subkultur.

„*(...) se manifiesta en el terreno simbólico, en los corridos como expresión particular de su cultura (...)*" (Astorga, 1995: 40).

Der *Narco-Corrido* behandelt, im Gegensatz zu den vorangegangen *Corridos*, die Heldentaten, hauptsächlich derer, welche erfolgreich den illegalen Drogenschmuggel praktizieren.

Der „*Corrido de los Narcos*" konzentriert sich auf Thematiken die von Gefahr und von Heldentaten im Drogenkrieg handeln um so das imposante Leben der Drogenhändler in einem Lied festzuhalten (Mondaca-Cota; 2012, 233).

---

[3] Die Prohibition in den Vereinigten Staaten war das landesweite Verbot des Verkaufs, der Herstellung und des Transports von Alkohol durch den 18. Zusatzartikel zur Verfassung der Vereinigten Staaten von 1920 bis 1933 (Adams; 2012, 32).

Die Erzählungen sind Geschichten, welche stark komprimiert sind, dennoch sind die Texte konkret. Gleichwohl die Texte kurz und knapp gehalten werden, sind diese trotzdem in der Lage den Rezipienten in eine andere Welt zu entführen. Die *Narco-Corridos* sind musikalische Erzählungen über eine komplexe Welt und ihre Eigenschaften.

(...) narrativas muy concretas sobre un mundo complejo, oscuro, pero real, palpable, pero ininteligible salvo las fuerzas que lo mueven: el poder por el poder, la fuerza de lo ilegal, lo político, lo económico, lo simbólico. (Modaca-Cota; 2012, 238)

Der *Narco-Corrido* wurde in nur kurzer Zeit sehr erfolgreich und populär. Das gelang diesem Musikgenre unter anderem durch die Zensur dieser Lieder in vielen Radiosendern. Dadurch wurden die Lieder interessant, vor allem für die jüngeren Zuhörer (Modaca-Cota; 2012, 200).

N*arco-Corridos* stellen in erster Linie Propaganda für die jeweiligen Kartelle dar. Dennoch werden die in den Liedern transportierten Botschaften innerhalb der Bevölkerung sehr ernst genommen. Die Abhängigkeit der Nachrichten von den Vorgaben der Kartelle und die Glorifizierungen der „*Narcos"* und dessen Taten bedeuten nämlich nicht immer, dass die Texte frei erdichtet wurden und die Inhalte realitätsfern sind. Dafür verfügen die Interpreten in vielen Fällen über sehr viele Hintergrundinformationen über Beziehungen innerhalb des Kartells. Zudem liefern die Songs häufig eine Art Leitfaden für adäquates Verhalten und beinhalten Warnungen an diejenigen, die dem Verhaltenskodex nicht entsprechen oder sich gegen die Organisationen stellen wollen. Sehr häufig enthalten die Lieder Mitteilungen an Konkurrenten oder verfeindete Kartelle (Mondaca-Cota; 2012, 279).

Corridos können in zwei verschiedene Kategorien eingeteilt werden. Zur ersteren Kategorie gehört der „*Corrido Comercial"* der für die Öffentlichkeit und für den Verkauf zur Verfügung steht. Die zweite Gruppe besteht aus *Corridos Comisionados"*, also *Narco-Corridos*, die auf die Kartelle zugeschnitten sind und von diesen beauftragt werden. Die Komponisten verherrlichen verschiedene Personalitäten und kriminelle Gruppierungen. Dadurch bekommen die Sänger und Interpreten der Loblieder hohe Anerkennung. Jedoch erhält der Sänger Morddrohungen von den konkurrierenden Kartellen, da er durch die Verbreitung der Loblieder über sein Kartell die anderen Kartelle beleidigt und schwächt (Maihold; 2012, 71-72). Nachdem der Corrido-Sänger ein Lied für ein Kartell vorgetragen hat, so hat er eine Art Bündnis mit dem Kartell abgeschlossen und ist nun verpflichtet weitere Aufträge anzunehmen und ohne Ausnahme sein Talent dem Kartell zur Verfügung zu stellen. Sollte er anderen Personen oder gar einem anderen

Kartell seine Dienste erweisen, so drohen ihm die Verfolgung und der Tot. Dieses Phänomen wird auch durch Herrera in „Trabajos del Reino" beschrieben, in dem der Künstler nach der Schwächung des Königs getötet werden soll.

Um zu verdeutlichen, wie ein *Narco-Corrido* aufgebaut ist und aus welchen typischen Elementen dieser besteht, werde ich nun Kategorien darstellen um die es sich in *Narco-Corridos* handelt. Dazu führe ich verschiedene Musikbands und deren Strophen im Abbildungsverzeichnis auf.

Ein Element des *Narco-Corridos* handelt von dem Gegensatz zwischen Leben und Tod. Das Leben als „*Narco*" ist ein gefährliches. Zwar ist dieses Risiko dem Drogenhändler bewusst, dennoch zieht der *Narco* ein Leben voller Reichtum und Gefahren vor, statt eines in Armut auf der Straße (Abb. 1) (Lara, 2003: 221).

Ein weiteres Thema sind die Drogen. Diese werden allerdings nicht direkt angesprochen, sondern metaphorisch dargestellt. Bei den drei „Tieren"[4] die von der Band „Los Tucanes de Tijuana" (Abb.2) erwähnt werden, handelt es sich um Metaphern für Drogen (*perico*/Kokain, *gallo*/Marihuana, *chiva*/Heroin) (Maihold; 2012, 75-77).

Der *Narco* wird in den *Narco-Corridos* als Macho und Liebhaber besungen und es wird dabei die Liebesbeziehung zwischen Frau und Mann beschrieben. Da der *Narco* jedoch nicht als verletzbar und als ein Schwächling dargestellt werden darf, werden Frauen in einem *Narco-Corrido* verachtend erwähnt: *Las pollas, las viejas, las barbies* usw. In dem Auszug des Liedes „Mis tres animales" werden Frauen käuflich dargestellt (Mondaca-Cota; 2012, 290).

Da es sich bei den *Narco-Corridos* um Loblieder handelt, werden auch einzelnePersonen in diesen angesprochen und behandelt, welche in der Narco-Welt einen hohen Status innehaben (Mondaca-Cota; 2012, 289).

Die Interpreten der *Narco-Corridos* kennen die Eigenschaften ihrer Bosse und nutzen dieses Wissen um den Bossen einen Spitznamen zu geben, welcher der Persönlichkeit des Bosses entspricht: *El vengador, el jefe poderoso, el benefactor, el negociador*. In der Einleitung habe ich

---

[4] „Estos tres animales, a los cuales no hay que comprar comida, son asociados en el segundo párrafo del texto con el proceso de migración y del narcotráfico que encuentran su mercado central en EE.UU., y la cadena de personas que se dedican a la venta, logrando una presencia en el mercado que es mucho mayor que las hamburguesas de Mc Donalds." (Maihold; 2012, 76)

bereits ein Loblied für einen der mächtigsten Drogenbosse eingeführt, welches in diesem Fall als Beispiel für ein Loblied eines Drogenbosses dient (Abb.4).

Die *Narco-Corridos* verkaufen „ein Konzept von einer Welt", in der das Leben eines *„Narcos"* als attraktiv dargestellt wird. Diese Vorstellung dringt in das kollektive Denken der Bevölkerung ein und kann somit die Vision über das Leben einzelner Menschen beeinflussen, vor allem bei jugendlichen Mexikanern. Falsche Versprechen werden mit dem Eintritt in ein Kartell gegeben. Somit soll die Suche nach Hoffnung, dem Streben nach Glück, Reichtum, Gruppenzugehörigkeit sowie Anerkennung in Erfüllung gehen, sobald man dem Kartell diese Dienste anbietet.

3.3 Literatura sobre los Narcos

Bei der Narco-Literatur [5] stehen die Geschäfte mit den Drogen und auch die stets steigende Opferzahl im Mittelpunkt. Eines der ersten Werke zu diesem Thema erschien in dem Jahr 2002 von dem spanischen Autors Arturo Pérez-Reverte mit dem Titel „La reina del sur"[6]. Durch seinen Roman wurden viele weitere Autoren inspiriert, sich an dem Thema der Drogenwelt zu versuchen. Dennoch zählen viele der Texte nicht zur Narco-Literatur, obwohl diese die Themen der Drogenproduktion, Drogengebrauch, Drogenhandel und den Drogenkrieg beinhalten. Nur durch das Behandeln dieser Themen in literarischen Werken, werden dennoch nicht die Kriterien der Narco-Literatur erfüllt, worauf ich in diesem Kapitel noch zu sprechen komme (Schönherr; 2012, 85).

Lange bevor man über die Narco-Literatur gesprochen hat, gab es eine *„literatura del norte"* und *„literatura de la frontera"*. Bei der *„literatura del norte/literatura de la frontera"* wurde über

---

[5] Ich habe bereits in dem Kapitel „Narco-Kultur" das Präfix „Narco-" erläutert. Wenn ich jedoch in diesem Fall von der Narco-Literatur spreche, so beziehe ich mich nicht darauf, dass diese Literatur, wie die *Narco-Corridos*, im Auftrag der Drogenbosse deren Welt verherrlicht, sondern dass es sich hierbei einzig und allein um Literatur handelt, welche die Welt der *Narcos* beschreibt.

[6] Im Mittelpunkt des Romans „La reina del sur" geht es um Teresa Mendoza, die Chefin eines Drogenkartells. Sie wird zur Königin des Südens, zur Herrscherin über ein Drogenkartell von Spanien bis Mexiko. Teresa genießt die Macht und den Reichtum in vollen Zügen Doch will sie wirklich so leben? Auf dem Höhepunkt ihres Erfolgs erkennt Teresa Mendoza, dass sie einsam ist. Der Ich-Erzähler, ein Journalist, spricht die „Königin" auf ein Bild aus ihrer Kindheit an. Ab diesem Moment wird aufgedeckt, wie Mendoza zu der Person wurde, die sie heute ist.

die Beziehungen zwischen den USA und Mexikos geschrieben, jedoch war es noch möglich in den 90er Jahren den Drogenhandel in der Literatur zu vernachlässigen.

Mit dem Roman „La reina del sur"(2002) von Arturo Pérez-Revertes hat sich die mexikanische Literatur verändert. Von dieser Zeit an waren Bücher, in denen es um die Drogenproblematik ging, weltweit absolute Bestseller.

Ein wichtiges Charakteristikum der Drogenliteratur ist die Figur des investigativen Erzählzentrums, wie zum Beispiel der Journalist in „La reina del sur" oder wie in dem Roman von Yuri Herrera „Trabajos del Reino" ein Erzähler, der die Ereignisse aus der Sicht des Hauptprotagonisten Lobo erzählt, wodurch dem Leser Schritt für Schritt die Narco-Welt dargestellt wird. Ebenso spielt die Erzählweise bei der Narco-Literatur eine besondere Rolle: Drastische Gewaltszenen, starke Gefühle, einschneidende Wendungen.

Ein Werk, welches von dem US-amerikanischen Autor Don Winslow geschrieben wurde (*The Power of the Dog*) nimmt das Kriterium der extremen Gewaltsprache auf, da dieses besonders gerne von den Lesern angenommen wird. Neben der Verwendung der Gewaltsprache wird das Thema der realen politischen Situation aufgenommen und in den Kontext der Geschichte gebracht. Das Ende seines Romans macht dem Leser jedoch deutlich, dass die Bekämpfung der Drogenkartelle keinen positiven Ausgang erreichen wird: „Etwa fünfzehn Minuten lang stockte der Drogenfluss, als Ádan gefasst war. Dann war der Nachwuchs zur Stelle und die Drogen flossen reichlicher als je zuvor." (Schönherr; 2012, 88)

Ein weiteres Kriterium der Narco-Literatur ist nicht nur das Beschreiben eines Phänomens, wie das der Narco-Welt, sondern die dazugehörige Erklärung. Wie ich bereits erwähnte, gehören nicht alle Werke die sich mit der Thematik Drogen auseinandersetzen zu der Narco-Literatur. Denn die Narco-Welt ist für den Leser nichts Neues und bedarf somit in einem literarischen Werk keiner weiteren Beschreibung. Der Unterschied zwischen einem literarischen Werk in welchem die Handlung schlichtweg den Drogen gewidmet wird und dem Genre der Narco-Literatur, ist die Intension des Autors. Der Leser soll durch die Narco-Literatur angeregt werden über das Phänomen der Narco-Welt nachzudenken um für sich selbst Schlüsse aus dem Gelesenen zu ziehen.

La narcoliteratura era un género previo a la guerra, ahorita hay nuevos autores que revisan sucesos específicos que tienen que ver con el narco y lo recrean literariamente para pensarlo, no tanto para exponerlo. (Orozco; 2014)

Für die Narco-Novelle[7] von Yuri Herrera „Trabajos del Reino" spielt auch die *nueva novela histórica* eine große Rolle. Herrera hat das Element der beschreibenden Realität des Nordens Mexikos mit dem Gebrauch der novellistischen Gattung verbunden, indem er den Fokus auf einen besonderen Blick auf das Ereignis legt, wodurch das Geschehen dem Leser beschrieben wird und den Leser zum Nachdenken anregen soll. Die Betrachtung auf das Geschehen in der Narco-Welt geschieht durch den Hauptprotagonisten Lobo, also die Wahrnehmungsperspektive des Künstlers. Neben der Erzählweise, geht es bei der *novela histórica* um die Suche nach der gesellschaftlichen Identität. Dieses Phänomen wird im Buch „Trabajos del Reino" erkennbar, da Lobo auf der Suche nach sich selbst ist und das Leben in Armut in Frage stellt.

Den Grundstein für die Betrachtungsweisen in der Literatur legte die lateinamerikanische Literatur in den 1970er Jahren. Dabei wird sich auf die Zeit der Repressionspolitik[8] in Lateinamerika bezogen. Vergleichbar mit der Repressionspolitik ist die aktuelle Situation in Mexiko, in welcher der Alltag von Gewalt und Macht bestimmt wird.

> *La literatura se ha convertido en una de esas jaulas en las que entran los buzos para poder ver de cerca a los tiburones, para explorarlos sin el temor de que sus colmillos se claven en su carne. Y metido en esa jaula se zambulle una y otra vez por los mares turbios del narcotráfico, un mundo que de otra manera parecería inexplorable.* (Salazar; 2009)

Die Narco-Literatur zeichnet sich außerdem durch die Vermischung von Fiktion und der Realität aus.

Die Realität der Narco-Welt wird von Herrera in seinem Buch dargestellt, indem er erzählerische Mittel benutzt und diese mit der *nueva novela histórica* verbindet (Carini; 2012, 46).

Die *novela história* erlaubt es dem Autor eine Haltung anzunehmen, welche ihm gestattet, die Realität zu manipulieren und eine neue Perspektive anzubieten, die nicht der „offiziellen Version" entspricht (Carini; 2012, 46).

Die Sicht auf das Geschehen, durch den Autor, bringt die Realität zum Vorschein durch Themen die den integralen Bestandteil der Realität bilden. Diese Themen spiegeln Zustände der „Existenz und des Bewusstseins" wieder, die der Leser mit bestimmten Momenten seines Lebens in der Gemeinschaft assoziiert.

---

[7] Die Novelle ist eine Subgattung der epischen Gattung, welche ich im Kapitel (Lobo) genauer definieren werde.

[8] Die Repressionspoltik ist die Unterdrückung der Gesellschaft durch die Politik und der Militärdiktatur. In Lateinamerika wurden die Menschen bis zu zwei Jahrzehnte (1965-1985) unterdrückt (Kaller-Dietrich/Mayer; 2012).

Somit findet sich der Stil der *nueva novela histórica*, in der Narco-Literatur wieder, denn die Realität hält Einzug in das Literarische, da der Autor nicht vor dem Kontext in der Geschichte fliehen kann und dadurch immer der Kontext und die Realität zueinander in Verbindung stehen.

> *Ninguno de los escritores ha abordado el narcotráfico como tema. Si éste asoma en algunas páginas es por que se trata de una situación histórica, es decir, un contexto, no un tema, que envuelve todo el país, aunque se acenúa en ciertas regiones* (Carini; 2012, 47).

Bei der Narco-Literatur hat sich somit „*lo narco*" in die Realität eingefügt und deshalb auch in die Literatur und wird durch die Wahl der Perspektiven, durch den Autor, dargestellt.

Ein Autor einer Narco-Novelle findet sich in einer exakten Situation wieder wie einer, der eine *nueva novela hirtórica* verfasst. Seine Haltung spiegelt den impliziten Willen wider, die Vergangenheit (oder die Gegenwart in Bezug zur Narco-Welt) neu aus einer kritischen Sicht zu interpretieren.

Dieses Mittel macht sich auch Yuri Herrera zu Nutze, indem er eine fiktive Erzählung mit einer realen Situation Mexikos verbindet. Wie bereits erwähnt wird das Geschehen aus der Wahrnehmungsperspektive des Hauptprotagonisten dargestellt, durch einen personellen Erzähler. Dieses rhetorische Mittel der erlebten Rede, eine Mischung aus indirekter und direkter Rede, versetzt den Leser in die Rolle des Hauptprotagonisten. Ebenfalls gibt die erlebte Rede den psychischen Prozess Lobos wieder, woraus erkennbar wird, dass sich Herrera auch der Gattung des Entwicklungsromans bedient, da sich Lobo geistig und charakterlich weiterentwickelt (Kapitel 4.3).

In den folgenden Kapiteln werde ich mich auf die Darstellung der Kritik an der Narco-Kultur durch Yuri Herrera konzentrieren, in Bezug auf die Novelle „Trabajos del Reino". Diese werde ich beleuchten, indem ich zunächst die Kritik an der Narco-Kultur, auf inhaltlicher Ebene darstelle. Danach werde ich die Macht des Königs erläutern und daraufhin die Auswirkungen dieser Macht auf den Hauptprotagonisten Lobo, mithilfe des Entwicklungsromans und der Erzählerperspektive, verdeutlichen.

4. Darstellung der Kritik an der Narco-Kultur

4.1. Kritik an der Narco-Kultur in *Trabajos del Reino*

Nachdem ich die Haupteigenschaften der Narco-Kultur beleuchtet habe, möchte ich mich der Frage widmen, wie es Yuri Herrera gelingt, das Leben in einem Drogenkartell darzustellen.

Dabei werde ich mich zunächst auf die inhaltliche Ebene beziehen, in der Herrera die Narco-Kultur in seinem Buch „Trabajos del Reino" kritisiert.

Herrera greift dazu die Verhaltensweisen und Eigenschaften der Drogenkartelle in seiner Geschichte auf. Dabei spielen der Verlauf der Geschichte und der Wandel des Hauptprotagonisten Lobo eine besondere Rolle.

Lobo ist ein junger Mann, der auf der Straße in einer der Grenzstädte Mexikos lebt. Er sieht in seinem Leben keinen Sinn und verdient sich durch selbstkomponierte Corridos seinen geringen Lebensunterhalt. Er lebt sein Leben von Tag zu Tag, jedoch ohne sich Hoffnungen auf ein besseres Leben zu machen. Dieses Leben führt Lobo bis zu dem Zeitpunkt an dem er dem „König" zum ersten Mal begegnet *„ninguna otra fecha significaba nada, sólo esta, porque, por fin, había topado con su lugar en el mundo."* (Herrera; 2010, 13).

Diese Szene zeigt, dass sich viele jugendliche Mexikaner den Kartellen anschließen, da diese in ärmlichen Verhältnissen aufwachsen und die Kartelle ihnen eine Schlafmöglichkeit und die Aussicht nach einem gut bezahlten Beruf geben.

Aber nicht nur die guten Aussichten auf ein besseres Leben motiviert die Jugendlichen zu diesem Schritt, sondern auch das öffentliche Auftreten der Drogenbosse und deren äußerliches Erscheinungsbild verspricht Großes *„Lo admiró a la luz del límite del día que se filtraba por una tronera en la pared. (...) En algún lugar estaba definido el respeto que el hombre y los suyos le inspiraban, la súbita sensación de importancia por encontrarse tan cerca de él. (...) Observó las joyas que le ceñían y entonces supo: era un Rey."*

Die Zurschaustellung von Reichtum und Macht geschieht durch den Palast des Königs (Herrera; 2010, 19) sowie durch die fürstlichen Feiern *„Sí, era un banquete. En cada mesa abundaban güisquis, rones, brandis, tequilas, cervezas y mucho sotol"* und Bekleidung der *Narcos „Qué airosos los sombreros, qué suave violencia con la que se empujaban los muslos y cuántas alhajas de oro vestían a la concurrencia."* (Herrera; 2010, 22)

19

Jugendliche lassen sich von dem Auftreten der Drogenbosse und der Zurschaustellung von Reichtum beeinflussen und begeben sich in die Hände der Drogenkartelle, ohne sich jedoch über die möglichen Folgen im Klaren zu sein, da ein Ausstieg aus einem Kartell nicht möglich ist. Auf diese Gefahr macht Yuri Herrera aufmerksam, in dem er den Wandel von Lobo darstellt und dieser es am Ende nur mit Glück schafft dem Tot zu entgehen.

Durch den Reichtum erlangt ein Kartell, vor allem der Drogenboss, Macht. Diese Macht ist bereits im Titel des Buches „Trabajos del Reino" verankert. Der „König" ruft die Mitglieder nicht mit ihren richtigen Vor- und Zunamen, sondern nennt diese bei den Aufgaben, welche sie am Hof innehaben. Zum Beispiel der Journalist, der Juwelier und der Geschäftsführer. Die Macht des Königs erkennt man an diesem Beispiel vor allem an Lobo. In dem Moment als Lobo in den Palast eintritt, wird Lobo nicht mehr bei seinem Namen genannt, sondern bei der Tätigkeit die er ausführt. Er ist für die Kunst zuständig und wird ab sofort nur noch mit „Künstler" angesprochen. Alle Mitglieder verrichten ihre Arbeit für den König. Die Struktur des Hofes ist also einfach: Alle arbeiten für den Herrscher. Dieses vermittelt auch der Titel der Novelle „Trabajos del Reino".

Die Macht der Kartelle, beziehungsweise des „Königs" wird nicht nur durch den Reichtum gefördert, sondern auch durch die Ausnutzung von unteren Gesellschaftsklassen. Wie erwähnt ist die Perspektivlosigkeit von Menschen ein Grund für den Eintritt in die Kartelle. Ein weiterer Punkt ist die Unzufriedenheit der Menschen an der Politik in Mexiko. So kommt es, dass die Kartelle durch Verbesserung der Infrastruktur das Vertrauen der unteren Bevölkerungsschichten für sich gewinnen um dadurch Anhänger an sich zu binden. In „Trabajos del Reino" lässt der König an einem Ort seinen Palast errichten, an dem vorher nur Schutt und Asche vorzufinden war und lässt die Mitglieder des Kartells an seinem Hof wohnen: *„Pero en ese entonces era un basural, una trampa de infección y desperdicios. Qué iba a sospechar que se convertirá en un faro. Estas eran las cosas que fijaban la alturada un rey: el hombre vino a posarse entre los simples y convirtió lo sucio en esplendor. (...) El Artista debía quedarse."* (Herrera; 2010, 20)

Durch das Misstrauen in die Politik setzen die Bürger ihre ganze Hoffnung in den König, da dieser ja „bekanntermaßen" viel Gutes tut für die Bürger. Anstatt sich nun mal an die Regierung zu wenden, wird sich an den König gewandt und nach Hilfe gesucht. So auch bei Yuri Herrera im Buch:„ *A algunos el Rey les acariciaba el cabello o les aconsejaba en toni grave. Luego ellos le querían besar la mano o se abrazaban a sus rodillas, el Rey dejaba que lo adoraran un momento y después los quitaba con tierno rigor."* (Herrera; 2010, 59)

Diese Szene im Buch zeigt zum einen, dass die Bürger großen Respekt vor dem König haben, zum anderen dass der König sich selbst als Wohltäter aufspielt.

Wenn man noch einmal auf die Situation in Mexiko schaut, expandieren die Kartelle und erreichen immer mehr an Macht. Diese Macht wäre ohne Hilfe von Korruption nicht möglich, oder nur sehr schwierig durchzusetzen. Hier komme ich an einen Punkt an dem Yuri Herrera nicht nur die Drogenkartelle kritisiert, sondern auch die Bestechung der Regierung und der Polizei von Mexiko. Somit ist es nicht verwunderlich, dass in Teilen Mexikos der Alltag durch Korruption bestimmt wird und die mexikanischen Einwohner keinen Sinn darin sehen, sich bei Problemen an die örtlichen Politiker oder Polizisten zu wenden. In „Trabajos del Reino" findet sich ein Anhaltspunkt zur Korruption auf der Seite 34: *„El Pocho había sido agente de allá, hasta que en una encrucijada la justicia lo iluminó: tres de los que eran suyos tenían rodeado al Rey, que ya se disponía a bien morir antes de que lo agarraran, y de pronto al Pocho lo asaltó un soplo que le decía ¿ Y tú por qué has de estar de este lado? Así que les vació el cargador a los esbirros de uniforme, y desde entonces estaba con los buenos."*

In „Trabajos del Reino" wird nicht nur die Kritik an der Narco-Kultur laut, sondern auch eine Kritik an der mexikanischen Gesellschaft kommt zum Vorschein.

Die Gewalt und Brutalität einzelner Mitglieder der Narco-Kultur wird von Yuri Herrera ebenfalls angesprochen. Dabei zeigt der Autor zum einen auf, dass Kartelle ihre eigenen Verhaltensmuster und Rituale besitzen, zum anderen dass sich die Mitglieder, nach Begehen einer Straftat um den Kartellbossen gerecht zu werden, nicht mit Gewissensbissen plagen. Ganz im Gegenteil. Sie fordern einen *Corrido* vom Künstler über ihre „Heldentaten". Ein *Narco* im Buch von Herrera geht mit dem Mord an mehreren Menschen ironisch und respektlos um, sodass Menschen keine Bedeutung für ihn haben: *„Yo soy, pues, la verdad, sentimental. Para acordarme de los muertitos en mi haber me llevo un diente de cada uno y los voy pegando en el tablero de mi troca, a ver cuántas sonrisas alcanzo a formar."* (Herrera; 2010, 29)

Ein letzter Punkt, der für eine kritische Betrachtungsweise auf der inhaltlichen Ebene auffällt, ist die Rolle der Frau. In der Narco-Kultur haben Frauen weder Rechte, noch dürfen sie Wünsche äußern. Sie werden als ein Objekt der Begierde angesehen. Wie ich schon die Namensvergabe durch den König erläutert habe, haben auch die Frauen keinen richtigen Namen, sondern werden nach dem Nachgehen ihrer Arbeit genannt. Auch in dem Fall einer jungen Frau, *la*

Cualquiera (die X-Beliebige). Dieser Name verleiht der Frau den Ruf einer wertlosen Person innerhalb des Kartells. Ebenso wird dieses Mädchen im Kartell als sexuelles Objekt benutzt.

Erwähnt habe ich bereits die Macht der Kartelle, jedoch geht es mir speziell um die Macht der Drogenbosse. Herrera möchte, durch die Zuhilfenahme von Vergleichen, die Macht des Drogenbosses darzustellen um dadurch Kritik an der Machtstellung des Drogenbosses zu demonstrieren. Wie dieses Yuri Herrera in „Trabajos del Reino" gelingt, werde ich im folgenden Kapitel erläutern.

4.2. Darstellung der Macht des Königs in *Trabajos del Reino*

Das organisierte Verbrechen hat in Mexiko inzwischen die Überhand gewonnen. Die Macht der Kartelle in Mexiko entsteht durch die Verbreitung von Angst und Schrecken durch brutales und skrupelloses Verhalten der Mitglieder. Des Weiteren die ausgehende Korruption durch die Kartelle, gewinnen diese mehr und mehr Macht innerhalb Mexikos und weiten sich dadurch aus.

Der wichtigste Aspekt, welcher für das Erreichen von Macht ist, sind die Menschen, die sich den Kartellen anschließen. Denn ohne Mitwirkung von Menschen an den kriminellen Projekten ist die Umsetzung der Ziele der Kartelle nicht möglich. Die Menschen die sich an den illegalen Machenschaften der Kartelle bereit erklären, sind Menschen, welche sich in der mexikanischen Gesellschaft nicht akzeptiert fühlen und sich nach einem besseren Leben sehnen. So auch beim Hauptprotagonisten Lobo im Buch von Yuri Herrera „Trabajos del Reino".

Im Buch wird der Drogenboss als König beschrieben und sein Kartell als ein Palast auf seinem Hof. Yuri Herrera benutzt also Metaphern und Vergleiche um die Macht der Drogenkartelle darzustellen. Dabei spielt der König eine entscheidende Rolle. Wie wird diese Macht durch Yuri Herrera übertragen? Dazu soll zunächst eine Übersicht über die Aufgaben und Eigenschaften eines Königs dienen. Babara Senckel definiert den König in ihrem Buch „Individualität und Totalität", unter der Zuhilfenahme der Literatur von Novalis, folgendermaßen:

> *Den Menschen, der die Identität von Staat und Einzelindividuum vollkommen verkörpert, nennt Novalis einen König. Als solcher ist der König der Idealmensch in Bezug auf das Verhältnis des Menschen zur Gesellschaft. Die Idealität erfüllt er, insofern er als individuelles Oberhaupt und damit als Mittelpunkt des Staates das gesamte gesellschaftliche System gleichsam in sich vereinigt, es zugleich aber auch übersteigt, es unter sich beläßt, und – dennoch an ihm teilhat* (Senckel; 1983, 128).

So auch in „Trabajos del Reino". Der Drogenboss in dem Kartell, der „König", steht über dem System, welches für alle Mitglieder gilt. Das wird deutlich, indem alle Mitglieder ihren Aufgaben nachgehen (der Künstler, der Journalist, der Juwelier). Jedes einzelne Mitglied ist in diesem System gleichgestellt, denn jede Aufgabe die betrieben wird, stärkt den König in seiner Macht. Es wird für den König gearbeitet, im Gegenzug bietet er diesen einen Arbeitsplatz, Anerkennung und einen Schlafplatz. Diese Meinung teilt auch der Juwelier: „- *Para esto servimos – dijo el Joyero –, para darle poder. A solas, ¿qué vale cualquiera de nosotros? Nada. Pero aquí somos fuertes, con él, con su sangre.*" (Herrera; 2010, 60). Der Staat, indem sich das System abspielt ist der königliche Hof. Also das Drogenkartell. In diesem Kartell herrschen die Regeln, welche der König aufgestellt hat. Lediglich der König (Drogenboss) steht über diesen Regeln und Gesetzen. Der König bzw. der Drogenboss herrscht über seinen Hof/Kartell indem er die Macht des totalitären Herrschers innehat.

Der König wird mit der Sonne gleichgesetzt und die Gesellschaft mit Planeten (Senckel; 1983, 128):

> *In dieser Funktion vergleicht Novalis den König mit der Sonne als dem Zentrum des Planetensystems. Als "Sonne" erzeugt und enthält er die Gesetze des gesamten Systems; die "Planeten", bzw. die Gesellschaft bildet nur noch die äußerliche Gestalt dieser als die innere Struktur der Sonne begriffenen Gesetzmäßigkeit. Somit umschließt der König in seiner Person die ganze Gesellschaft – die er zugleich, als deren Prinzip, auch übersteigt. Er ist die gesellschaftliche Totalität, so wie er andererseits auch eine individuelle Person bleibt.*

Außerdem steht der König dafür, dass er dem Volk den materiellen und geistigen Lebensrahmen, nach Eintritt in sein Königreich, garantiert. Dieses zeigt Yuri Herrera indem er zwei verschiedene Welten schafft. Zum einen die Welt außerhalb des Kartells (Königreich), zum anderen die Welt innerhalb des Königreiches. Im Buch tritt der Hauptprotagonist Lobo in den Palast des Königs ein. Ihm wurde die Aufgabe des Sängers zugeteilt. Aus dem armen Straßenjungen Lobo wird ein anerkannter Sänger mit dem Namen „Künstler". Da der König dem Künstler materielles Gut und einen Schlafplatz sowie Anerkennung prophezeit, tauscht der Künstler sein Leben in der Realität gegen ein Leben im Inneren der irrealen Welt des Drogenkartells. Dafür schenkt der Künstler dem König sein Talent, Loblieder auf den König zu singen um seine Macht innerhalb des Hofes zu festigen sowie außerhalb seine Präsenz zu verbreiten. Der König erlangt seinen Machtstatus indem er perspektivlosen Menschen ein Leben im Glanze verspricht und im Gegenzug diese für ihn arbeiten. Somit kann man sagen, dass die Macht des Königs durch die Repräsentation durch die Loblieder des Künstlers gelingt. Der Stellenwert des *Narcocorridos* für den König wird im Buch sehr deutlich. Ein Beispiel demonstriert diesen Stellenwert der Lieder, die durch das Radio verbreitet werden sollen. Die Radiosender bekamen jedoch den Befehl einer Zensur der Lieder. *„No querían sus canciones. Los loros de la radio decían que no, que sus letras eran léperas, que sus héroes eras malos."* (Herrera; 2010, 57) Die Reaktion des Königs auf die Zensur folgt sofort: *„ – Lo de siempre: que no se puede hablar bien usted a la gente. El Rey miró hacia la Galería, donde el pueblo volvió a casa llevándose alguna merced. – Como si necesitáramos a esos pendejos para que la gente hable de mí – dijo –. Ni se preocupen, aquí el Gerente va a arreglar con unos amigos para que muevan su música en la calle."* (Herrera; 2010, 61) Man erkennt deutlich, dass der König über die Situation nicht erfreut ist und schimpft über die Leute vom Radio. Ihm sind die Verbreitungen seiner Heldentaten von großer Bedeutung, denn die Leute sollen über seine großen Wohltaten informiert werden.

Herrera greift die Eigenschaften eines Heldengesangs aus dem Mittelalter in Form eines *Narcocorridos* durch die Person des Künstlers wieder auf. Der Künstler hat viele Charakteristika eines „Gauklers" aus dem Mittelalter. Ein „Gaukler" als auch der Künstler beschreibt das Leben von verschiedenen Personen in gesungener und erzählerischer Form. Dazu wird das zu besingende in einer Kurzfassung präsentiert um somit die einzelnen Persönlichkeiten der Auftraggeber zu umreißen. Der Künstler und der Gaukler „konservieren" die Geschichte und die Erinnerung des Hofes und loben darin die Heldentaten der Akteure.

Herrera verwendet neben der Metapher des Königtums die Stilistik der Metapher um die Macht des Königs zu beschreiben. Dazu verwendet er einen Pfau, den der Künstler in einem Käfig am Hof begegnet (Herrera; 2010, 52). Der Pfau gilt als Statussymbol, denn seit der Neuzeit gilt der Pfau wegen seines auffälligen Balzverhaltens als Symbol des Imponiergehabes, der selbstgefälligen Eitelkeit, des Stolzes, Hochmuts, des Narzissmus und des Luxus (Schamanische Krafttiere; 2013).

Herrera gelingt die Kritik an der Narco-Welt indem er die Macht des Drogenbosses mit der Macht eines Königs aus der Epoche des Mittelalters im totalitären Königreich gleichsetzt.
Die Macht des Königs ist im Buch „Trabajos del Reino" jedoch nicht von Dauer.
Der König wird vom Künstler gestürzt indem dieser einen *Narcocorrido* für einen anderen König singt. Der Text des *Corridos* offenbart die Schwäche des Königs, da dieser keinen Sohn oder Tochter für die Nachfolge auf seinen Thron bekommen kann.

Den Entzug der Macht durch den Künstler werde ich nun anhand einer Analyse des Hauptprotagonisten Lobo/Künstler darstellen. Anhand dieser Figur und der Erzählperspektive gelingt es Yuri Herrera die geistige Entwicklung eines jungen Mannes in einem Drogenkartell zu beleuchten umso dem Rezipienten die Kritik an der Narco-Kultur zu vermitteln.

4.3. Auswirkungen der Narco-Kultur auf Lobo

Um die Kritik an der Narco-Kultur in „Trabajos del Reino" darzustellen, ist es notwendig diese anhand des Hauptprotagonisten Lobo darzustellen. Dabei liegt der Fokus der Untersuchung auf der Erzählperspektive und den fünf Phasen der Entwicklung Lobos innerhalb sowie außerhalb des Kartells.

Wie ich bereits erwähnt habe, ist Lobo außerhalb des Kartells ein Junge der in Armut auf der Straße zwischen Pappkartons lebt. Alleine gelassen von seinen Eltern und auf der Suche nach dem Sinn seines Lebens. Von dem Moment an, an dem er den Drogenboss trifft, sieht Lobo vorerst wieder eine Perspektive in seinem Leben. Im Verlauf der Handlung im Buch wird Lobo bewusst, dass das Leben in einem Kartell ihn nicht befriedigt. Durch einen *Corrido*, in dem er den König bloßstellt, entmachtet er seinen König. Daraufhin flieht Lobo aus dem Kartell und ihm wird klar, wo sein Platz in der Gesellschaft ist. Bei seinen Freunden, denen er traditionelle *Corridos* präsentiert.

Um die Wandlungen des Hauptprotagonisten darzustellen macht sich Yuri Herrera verschiedener Stilmittel zu Nutze.

Zunächst ist es jedoch sinnvoll, sich der Gattung zuzuwenden, welche Herrera in seinem Buch benutzt. Dabei verbindet er die Untergattung der Epik, die Novelle, mit den Eigenschaften eines Entwicklungsromans.

Eine der Untergattungen der Epik ist die Novelle[9]. Die Novelle ist häufig in Kurzprosa verfasst

---

[9] Die Novelle ist eine Subgattung der epischen Gattung. Bei der Novelle handelt es sich um eine Prosaerzählung von mittlerem Umfang. Dabei gibt es eine begrenzte Anzahl von Protagonisten, die unmittelbar in die Handlung involviert sind. Das zentrale Element ist immer ein „außergewöhnliches Ereignis". Dabei ist die Novelle glaubhaft in der wirklichen Welt, auch wenn die Ereignisse außergewöhnlich sind. Die Novelle hat einen klaren Aufbau und es werden nur wenige Hintergrundinformationen zu den einzelnen Begebenheiten, Protagonisten oder Schauplätzen angegeben. Eines der wichtigsten Merkmale der Novelle ist der Wendepunkt, der alles ändert. Aus diesem Grund

und kann von dem Leser in „einem Rutsch" gelesen werden. Dabei wird sich nur auf das Wichtigste der Handlung bezogen. In „Trabajos del Reino" soll der Leser den Fokus auf die Entwicklungsprozesse und auf die Sprache legen. Für die Betrachtung des Entwicklungsprozesses des Hauptprotagonisten dienen die Eigenschaften des Entwicklungsromans, da sich bei den Prozessen nicht nur auf den Ein- und Ausstieg in das Kartell konzentriert wird, sondern um fünf Phasen der Entwicklung handelt, welche ich im späteres Teil dieses Kapitels darstellen werde.

Die Anzeichen dafür, dass die Novelle „Trabajos del Reino" aus Charakteristika des Entwicklungsromans besteht, liefert Herrera durch auf das Augenmerk gelegten Hauptprotagonisten. Das Buch ist in fünf Phasen unterteilt, die die geistige Veränderung von Lobo darstellen. Melita Gerhard definiert den Entwicklungsroman folgendermaßen: „Als Entwicklungsromane werden (hier) alle die erzählenden Werke verstanden, die das Problem der Auseinandersetzung des Einzelnen mit der jeweils geltenden Welt, seines allmählichen Reifens und seines Hineinwachsens in die Welt zum Gegenstand haben, wie immer die Voraussetzung und Ziel dieses Weges beschaffen sein mag." (Selbmann; 1994, 19)

Der Entwicklungsroman basiert auf einen Konfliktträger, welcher als Held im Roman fungiert. Die Identität erlangt der Held hauptsächlich durch die Auseinandersetzung mit seiner feindlichen Umgebung (Esselborn-Krumbiegel; 1983, 44-45). Diese Charakteristik des Entwicklungsroman wird im Buch von Yuri Herrera deutlich, da der Künstler sich weder vor Betreten des Kartells mit der Umwelt identifizieren kann, noch mit dem Leben im Kartell.

Die Erzählung beginnt mit einem Wendepunkt mit dem Eintritt in ein konfliktreiches Entwicklungsstadium. In „Trabajos del Reino" geschieht dieses durch den Eintritt von Lobo in die Narco-Welt. Beendet wird die Entwicklung durch die Lösung des Konflikts und dem Bild eines Helden, der im Entwicklungs- und Erzählprozess ein anderer Mensch geworden ist (Esselborn-Krumbiegel; 1983, 121). Das Gattungsschema des Entwicklungsromans zeigt sich

---

[9] wird die Novelle auch als „Krisenerzählung" verstanden, da es sich bei dem Wendepunkt um das Schicksal des Protagonisten handelt. Auch wird die Novelle durch rhetorische Mittel im Text (starke Bilder, Vergleiche, Symbole) geprägt.
Weiterhin fallen oftmals epische Elemente des Erzählens heraus, wodurch oftmals dramatische Merkmale in der Novelle auftauchen. Der Erzähler nimmt sich folglich oftmals zurück und Protagonisten werden lediglich durch die Figurenrede charakterisiert. Die Novelle verweist, ähnlich wie Parabel und Fabel, auf eine Wirklichkeit außerhalb der Geschichte. Sie kann folglich als moralisierend empfunden werden und birgt eine Wahrheit, die auch außerhalb der Erzählung gültig ist (Fritz; 1973, 371-372).

darin, dass der Lebensgang des Helden in einzelne Entwicklungsphasen gegliedert ist. Diese Phasen bauen sich aus einer Abfolge prägender Szenen auf, welche dem Helden helfen Erfahrungen zu sammeln (Esselborn-Krumbiegel; 1983, 45). Dabei wird die Entwicklung des Helden als Lernprozess begriffen (Esselborn-Krumbiegel; 1983, 50).

Die fünf Phasen, in denen Lobo eine Entwicklung vollzieht, möchte ich kurz beschreiben.

Phase 1: Auf der Suche nach dem Sinn: In dieser Phase beschreibt Lobo die Zeit, bevor er den König kennengelernt hat. Er schildert die Zeit in der er auf der Straße lebte und für geringes Einkommen seine Corridos präsentiert hat. Lobo sucht nach dem Sinn des Lebens und lebt von einem Tag zum anderen, ohne sich Tage im Kalender anzustreichen. In dieser Phase wird deutlich, dass Lobo ein verzweifelter junger Mann ist. Dieser junge Sänger sucht nach sich selbst um sich zu finden.

Phase 2: Das Treffen mit dem König: Lobo begegnet dem König zum ersten Mal. Von diesem Moment an hat das Leben für Lobo wieder einen Sinn und markiert nun doch diesen Tag als wichtigsten Tag in seinem Leben. Lobo, der ab jetzt „Künstler" genannt wird im Kartell, liebt es Lieder für den König und die Mitglieder zu singen *„No hubo cortesano al que negara sus dones."* (Herrera; 2010, 33). Er hat endlich seinen Platz in der Gesellschaft gefunden. Er hat einen Schlafplatz, Anerkennung und Freunde.

Phase 3: Das Verhalten eines *Narcos*: Der Künstler ist nun ein anerkanntes Mitglied im Kartell und wird vom König sehr geschätzt. In dieser Phase geschehen zwei Morde an Mitgliedern seines Kartells. In dieser Szene wird deutlich, dass der Künstler die Verhaltensweise der *Narcos* angenommen hat. Beim Anblick, einer der ermordeten Personen, wiederholt er die Aussage des Paters, die Lobo, der außerhalb des Kartells einmal lebte, nicht zuzutrauen ist *„Será que te lo mereciste."* (Herrera; 2010, 46).

Auf der selbigen Seite nimmt der Künstler Stellung zu dem Geschäft seines Königs. Ebenfalls erkennt man daran die Veränderung des Hauptprotagonisten, der sich die Verhaltensweisen des Kartells aneignete, bzw. die ihm unbewusst angeeignet wurden „ *¿Y qué si cruzaba hacia el otro lado el veneno que pedían? Bien se lo tuvieran."* (Herrera; 2010, 46).

Phase 4: Der Blick durch die Brille: In der vierten Phase vom Künstler begegnet er zunächst dem Doktor, der ihn über die Gefahren und Intrigen innerhalb des Kartells aufklärt (Herrera; 2010, 80-82). Diese Unterhaltung mit dem Doktor öffnet dem Künstler die Augen und der Wendepunkt der

Erzählung wird eingeleitet. Die Haltung des Künstlers gegenüber dem Kartell und dem König wird von einen auf den anderen Moment verändert. Der Künstler hat die Anzeichen, die er im vorherigen Verlauf seiner Geschichte selbst beschrieben hat, nicht erkennen können oder auch nicht erkennen wollen. Dazu zählt zum Beispiel der Pfau. Wie bereits erwähnt steht der Pfau symbolisch für Eleganz und Macht. Jedoch beschreibt der Künstler, dass dieser Pfau eine Verletzung am Fuß hat. Im übertragenden Sinn ist der König verletzt und beeinträchtigt in seiner Macht (Herrera; 2010, 52).

Einen weiteren Hinweis wird dem Leser auf den Seiten 47-50 in „Trabajos del Reino" gegeben. Auf diesen Seiten wird das Treffen zwischen einem *Capo* und dem König beschrieben. Beim Taubenschießen gegen den *Capo* ist der König auf der Verliererstraße. Der Künstler befürchtet bei einer Niederlage des Königs, dass dieser Hohn und Spott über sich ergehen lassen müsste. Nur durch die Hilfe des Künstlers gelingt es dem König eine weitere Beeinträchtigung seiner Macht abzuwenden.

Nachdem dem Künstler die Augen geöffnet wurden, fallen ihm die Anzeichen über den "verwundeten" König auf. Erkennbar wird der geistige Wandel des Künstlers auf der Seite 80 (Herrera; 2010, 80). Hierbei wird ihm bewusst, dass er auf einen "Kleineren" (König) aufpassen und für diesen sorgen muss, und dass es dem Künstler im Kartell schlechter geht als damals auf der Straße.

Der Höhepunkt in „Trabajos del Reino" vollzieht sich auf der Feier eines fremden „Königs". Der Künstler wird von seinem König beauftragt, sich als Sänger in ein anderes Kartell einzuschleusen, um so die Person ausfindig zu machen, die für die Intrige an seinem Hof verantwortlich ist „*Llegó la hora de hacerse útil, Artista.*" (Herrera; 2010, 92).

Der Narco-Corrido den der Künstler für den fremden König singt, beinhaltet das Geheimnis, dass sein König verwundet sowie kinderlos ist.

El que te quiere se agüita
De verte achicopalado
Pues como somos familia
Yo no voy de tu lado

(...)

Yo sé que aunque calles quieres
Que ya no estemos jodidos
Ni que fueras de vil palo
Somos tus únicos hijos
(Herrera; 2010, 98)

In diesen zwei Strophen (Strophe 4 und Strophe 7) des *Corridos* sind zwei Dinge auffällig. Zum einen gibt der Künstler Einblicke in die Gefühlslage des Königs und zwar, dass dieser Kummer hat. Außerdem wird die Thematik der Unfruchtbarkeit des Königspaares aufgegriffen. Dieses empfindet sein König als Beleidigung und Verrat. Zum anderen hält der Künstler dennoch weiterhin zu seinem König trotz der neuen Perspektive die er auf die Narco-Welt gewonnen hat. Daraus kann gedeutet werden, dass der Künstler einen Schritt zurück in seine alten Verhaltensmuster gemacht hat. Der Künstler ist hin und her gerissen in seinen Gedanken (Herrera; 2010, 101).

Nachdem jedoch sein König im Palast auf den Künstler wartet um den Künstler zu töten, entkommt der Künstler dem Tod nur knapp. Die Flucht aus dem Palast führt zu der letzten Entwicklungsphase des Künstlers.

Phase 5: Sinn des Lebens gefunden: Dem Künstler gelingt die Flucht aus dem Kartell. Außerhalb des Kartells angekommen, wird der Künstler wieder Lobo genannt. Lobo, der von Anfang an auf der Suche nach sich selbst ist, wird durch die Erfahrungen, die er während der Zeit im Kartell gewonnen hat, fündig. Der König ist nicht mehr sein König. Lobo möchte sich sein Leben nicht mehr vorschreiben lassen „*No tiene imperio sobre mi vida, no acepto que me digan qué he de hacer. Era una verdad que ya sabía en sus entrañas, pero que no había sido capaz de nombrar.*" (Herrera; 2010, 116).

Lobo wird die Auswirkung auf sein Leben, durch das Kartell und den König, bewusst „*¿Quién era el Rey? Un todopoderoso. Un haz de luz que había iluminado sus márgenes porque no podía ser de otro modo mientras no se revelara lo que era. Un pobre tipo traicionado. Una gota en un* *mar de hombres con historias. Un hombre sin poder sobre la tersa fábrica en la cabeza de artista.*" (Herrera; 2010, 117-118).

Ab jetzt möchte Lobo sein eigener König sein. Auch der Nachfolger des Königs, der die Dienste von Lobo ebenfalls in Anspruch nehmen möchte, prallt an der neugewonnenen Erkenntnis von Lobo ab (Herrera; 2010, 123). Lobo hat endgültig seinen Platz in der Gesellschaft gefunden. Aufgrund der Unterdrückung durch den König ist Lobo glücklich darüber, dass er sein altes/neues Leben wieder hat. Auch wenn er weder in Reichtum lebt noch Anerkennung für seine *Corridos* bekommt. Es ist sein Leben, seine Stadt, sein eigenes Blut, sein Tod und seine Wörter (Herrera; 2010, 126-127).

Durch die Darstellung des Helden (Lobo) anhand der Eigenschaften des Entwicklungsromans gelingt es Yuri Herrera dem Leser die einzelnen Phasen des Hauptprotagonisten näher zu bringen. Dadurch kann der Leser den Lernprozess von Lobo nachvollziehen und sich selbst damit identifizieren und die Entwicklungsschritte des Helden für sich selbst interpretieren. Herrera kritisiert zum einen den Helden, da er sich auf das illegale Geschäft mit den Drogen einlässt, zum anderen, dass die Narco-Kultur dem Künstler Schaden zufügt, welches durch die Entwicklungsphasen deutlich gemacht wird.

Eine weitere Eigenschaft des Entwicklungsromans ist die Erzählperspektive. Die gesamte Erzählung wird entweder aus der Sicht des Hauptprotagonisten geschildert oder aus der überlegen distanzierten Erzählerperspektive (Esselborn-Krumbiegel; 1983, 47).

In „Trabajos del Reino" übernimmt Herrera die Heldenperspektive. Dieses Stilmittel ist die Perspektive des Erzählers oder auch *point of view* genannt. Die Perspektive des Erzählten zeigt die Beziehung des Erzählers zur erzählten Geschichte (Schmid; 2005, 113).

Die Perspektive, durch die Herrera den Leser das Buch lesen lässt, ist die personale Erzählperspektive. Diese hat die Charakteristik, dass das Geschehen aus der Sicht und Wahrnehmungsperspektive einer Figur erzählt wird. Dieses geschieht bei Herrera durch den Hauptprotagonisten Lobo: „*Lobo sintió envidia de la mala, y después de la buena, porque de pronto comprendió que este día era el más importante que le había tocado vivir.*" (Herrera; 2010; 20) Dazu ist zu erwähnen, dass die erzählende Figur nicht in der Ich-Form die Geschichte dem Leser präsentiert, sondern in der 3. Person („er", „sie"). Aus diesem Grund wird der personale Erzähler mitunter als Er/ Sie-Erzähler bezeichnet (Schmid; 2005, 131-133).

Der Leser erfährt nur das, was die erzählende Person wahrnimmt. Bei der personalen Erzählperspektive handelt es sich somit um ein „erzählerloses Erzählen", da sich die fiktive Wirklichkeit nur im Bewusstsein einer Figur spiegelt.

Ein personaler Erzähler ist auf die Figur beschränkt, aus dessen Sicht die Geschichte erzählt wird. Dadurch kann er nicht wissen, was andere Figuren denken oder fühlen, wenn sie es dem Protagonisten nicht mitteilen. Dieses wird in „Trabajos del Reino" deutlich. Die gesamte Erzählung wird aus der Wahrnehmungsperspektive des Protagonisten Lobo erzählt. Somit kann sich der Leser nicht in die Situation des Königs oder anderer Personen hineinversetzen. Also versucht Herrera den Fokus auf Lobo und dessen Entwicklung zu legen, sodass der Leser nur auf Lobo fixiert ist. Deshalb eignet sich die personale Erzählsituation, um psychische Prozesse wiederzugeben, wie oben anhand der fünf Entwicklungsphasen von Lobo dargestellt.

Der personale Erzähler vermittelt dadurch dem Leser tiefere Einblicke in die Psyche einer Person und lässt den Leser stärker an den Ereignissen und Wendepunkten teilhaben, als beispielsweise ein auktorialer Erzähler.

Geht man einen Schritt weiter, so gelangt man von der Erzählperspektive auf die „Personenrede" oder auch „Figurenrede". Hierbei wird die Rede der Figuren in einem literarischen Werk bezeichnet. Bei der Figurenrede im Werk von Yuri Herrera „Trabajos del Reino" handelt es sich um die „erlebte Rede".

> *„Die erlebte Rede ist ein Segment der Erzählerrede, das Worte, Gedanken, Gefühle, Wahrnehmungen oder die Singposition einer der erzählten Personen wiedergibt, wobei die Wiedergabe des PT (Personentext) weder graphisch noch durch irgendwelche explizite Hinweise markiert ist."* *(Schmid; 2005, 201).*

Die erlebte Rede steht zwischen der direkten und indirekten Rede und ist eine Mischform aus Bericht und Monolog. Dem Leser werden die Gedanken und Äußerungen durch den Indikativ der dritten Person mitgeteilt (Wenzel; 2004, 156-157).

Somit wird die Distanz durch erlebte Rede zwischen Erzähler und Figur aufgelöst. Durch die direkte Rede in Verbindung mit dem Präteritum und der dritten Person Singular, werden die Gedanken einer Figur nicht unmittelbar von der Figur selbst, sondern durch den Erzähler an die Leser weitergetragen (Wenzel; 2004, 152).

„Sí vio cosas nuevas, sin embargo, o las mismas cosas se le hubiera despellejado un callo en la mirada y ahora todo su ser se fijara en pormenores que antes se perdían como una foto

borrosa." (Herrera; 2010, 80)

Anhand dieses Beispiels werden die Gedanken von Lobo dem Leser präsentiert. Da es sich jedoch nicht um einen Monolog handelt, wird der Leser von den Gedanken durch den personalen Erzähler informiert. Der Erzähler ist gegenwärtig.

Anhand der Gattungsform des Entwicklungsromans in Verbindung mit dem personalen Erzähler und der erlebten Rede gelingt es Yuri Herrera dem Leser die Kritik an der Narco-Kultur aus der Sicht des Hauptprotagonisten darzustellen. Vor allem die Wahrnehmungsperspektive durch die erlebte Rede lässt den Leser in die Situation des Helden eintauchen, um so den Gedanken und der Gefühlslage folgen zu können. Die Eigenschaften des Entwicklungsromans zeigen ihre Wirkung darin, dass sich der Leser nur auf das Leben des Helden fokussiert. Dieses ist insofern wichtig, dass der Leser die ganze Geschichte einer Person verfolgt, denn in „Trabajos del Reino" begleitet der Leser die Entwicklung einer Person vom Zeitpunkt des Eintritts in die Narco-Kultur über die Auseinandersetzung eines Konflikts, bis hin zur Lösung dieses Konflikt. Somit kann der Rezipient eine komplette Entwicklungsphase, die durch fünf Lernprozesse zusammengesetzt wird, erleben. Dadurch erkennt der Leser die Tücken der Narco-Kultur. Zu Beginn ist Lobo auf der Suche nach dem Sinn seines Lebens. Nachdem er dem König begegnet, ist er sich sicher, nun endlich den richtigen Ort gefunden zu haben. Durch die erlebte Rede fühlt sich der Leser dem Künstler sehr nahe und kann seine Entscheidung nachvollziehen, da der Künstler den König und den Palast begeisternd beschreibt. Durch die erlebte Rede erfährt der Leser von den Gewissenskonflikten die den Künstler während seiner Zeit im Kartell plagen und psychisch belasten. Durch die Schritte der Entwicklung und der Lösung des Konflikts wird dem Leser bewusst, dass Lobo die falsche Entscheidung mit dem Eintritt in die Narco-Kultur getroffen hat. Diese Art der Vermittlung von Wahrnehmung einer Person und dessen Äußerungen gelingt nur durch einen personalen Erzähler in Kombination mit der erlebten Rede. Durch diese Kombination wird die Kritik an der Narco-Kultur deutlich.

5. Bekämpfung der Narco-Kultur

Wie im oberen Kapitel erwähnt, gelingt es dem Künstler der Macht des Königs zu entfliehen. Dieses schafft er, indem er durch die Lernprozesse einen daraus resultierenden *Narcocorrido* gegen seinen König singt, um dadurch den König zu stürzen.

Wie in der Definition des *Narcocorridos* im Kapitel 3.2 erläutert wurde, dient der *Corrido* zur mündlichen Verbreitung von Ereignissen. Dem Künstler gelingt es, anhand seines eigenen *Corridos*, das wahre Gesicht des einst mächtigen Königs, in einen alten/zerbrechlichen König aufzudecken und in der Öffentlichkeit zu verbreiten.

Bei der Entmachtung des Königs spielt nicht nur der *Corrido*, der von den Schwächen des Königs handelt, eine besondere Rolle, sondern auch der Sprachstil in „Trabajos del Reino".

Durch den Sprachstil in „Trabajos del Reino" wird eine wichtige Eigenschaft des Künstlers aufgedeckt. Bei dieser Eigenschaft handelt es sich um die Fertigkeit mit dem Umgang mit Worten. Da der Künstler ein Talent für das Entwerfen von *Corridos* innehat, hat dieser eine außergewöhnliche Fähigkeit sich mit der Sprache zu befassen. Aus dem Grund, dass die Erzählung aus der Wahrnehmungsperspektive des Künstlers dargestellt wird, wird auch der Sprachstil des Buches durch den Künstler gezeichnet. Der Künstler drückt sich nicht nur wortgewandt beim Präsentieren seiner *Corridos* aus, sondern auch während der gesamten erzählten Zeit: „*¿Qué hay ahí? ¿Qué hay ahí detrás? ¿Un otro*[10] *mundo que se pone de frente al sol? ¿Un alud de linderos que se repiten tras una piedra en el agua? (¿Será la vida una piedra en el agua?)*" (Herrera; 2010, 85). Die Sprache die der Künstler bei seinen *Corridos* anwendet, wendet er auch in seiner alltäglichen Sprache an.

Ein Weiterer Aspekt beim Sprachstil ist die verwendete Syntax, die sich der Künstler zunutze macht. Auffällig sind die kurzen Sätze, die teilweise aus mehreren Nebensätzen bestehen, die wiederum aus sehr wenigen Wörter zusammengesetzt sind: „*Tienen una pesadilla los otros: los de acá, los buenos, son la pesadilla; la peste de acá, el ruido de acá, la figura de acá. Pero acá es más de veras, acá está la carne viva, el grito recio, y aquellos son apenas un pellejo chiple y maleado que no atina color.*" (Herrera; 2010, 63)

---

[10] „*Un otro* (…)" ist grammatikalisch nicht korrekt. Dies zeigt, dass der Sprachstil im Buch dem einer Umgangssprache gleicht, auch wenn der Künstler sich mit Worten souverän ausdrücken kann.

Der parataktische Sprachstil wird in „Trabajos del Reino" immer dann verwendet, wenn der Künstler seinen Gedanken freien Lauf lässt, jedoch nicht, wenn der Künstler mit einem anderen Protagonisten in Kontakt tritt, wie beispielsweise mit der Hexe: *„Quién iba a pensar que tan poquita cosa jodiera tanto. Bonito desmadre hiciste. No sólo no me ayudas con lo que él no puede tener estirpe. Nomás esto faltaba para que terminaran de comérselo."* (Herrera; 2010, 113). An diesem Beispiel wird deutlich, dass die Hexe nicht über eine kultivierte Verwendung der Sprache herrscht, sondern sich durch Umgangssprache ausdrückt.

Durch die Verwendung von Parataxen, also das Aneinanderreihen von Hauptsätzen, Wörter oder Wortgruppen, erlangt die Erzählung einen Charakter von Aufzählungen, der den Text dadurch kurz und knapp hält, dennoch dem Leser eine Nachricht vermittelt. (Bünting/Bergenholtz; 1995, 116-119). Diese spezielle Eigenschaft ist, wie bekannt, ein wichtiges Kriterium für den *Corrido* (Kapitel 3.2).

Parataxe haben die Funktion, einen Text offenkundig zu verkürzen, um so einzelne Textbausteine stärker auf den Leser wirken zu lassen, da diese durch Parataxe absoluter wirken.

Bei diesem Sprachstil wird sich auf das Wesentliche in der Erzählung konzentriert. Für die Handlung in „Trabajos del Reino" bedeutet das rhetorische Mittel der Parataxe, dass sich der Leser auf die Sprache des Künstlers konzentriert. Durch die kurzen/unterteilten Sätze werden dem Leser Gefühle und Empfindungen vermittelt, da der Satzbau Unruhe, Bewegung und Ereignisse, die schnell aufeinander folgen, wiedergibt.

Durch den parataktischen Sprachstil wird der Fokus der Leser auf die Sprache des Künstlers gelenkt. Dadurch wird dem Rezipienten bewusst, dass der Künstler seine Wortwahl beherrscht und seiner Sprache mächtig ist. Aus diesem Grund hat Yuri Herrera auch einen Künstler gewählt, der für die Produktion von *Narcocorridos* zuständig ist. Eine bedachte Auswahl von Wörtern sorgt für eine Repräsentation der Macht der Drogenbosse in der Öffentlichkeit. Diese Verbreitung der Loblieder ist für einen Drogenboss essentiell, da dadurch Jugendliche geworben werden und in das Leben der Narco-Kultur eintreten.

Der Leser ist von Beginn an der Erzählung Zeuge des Künstlers Sprachgewandtheit.

Diese Sprachgewandtheit hat ihren Höhepunkt beim Vortrag des *Corridos*, durch den der König entmachtet wird. Dem Künstler gelingt es, den König nur durch Worte, verpackt in einem *Corrido*, zu entthronen. Im Gegensatz zu dem König demonstriert der Künstler seine Macht nicht durch Reichtum und Brutalität, sondern allein durch den Einsatz seiner Worte.

Yuri Herrera möchte dem Leser vermitteln, dass die Struktur in einem Drogenkartell verwundbar ist. Keiner der Mitglieder, auch nicht der Drogenboss konnte erahnen, dass der Künstler durch sein Talent im Umgang mit Wörtern, in der Lage zu sein scheint, die vermeintlich unzerstörbare Macht des Kartells, vor allem die Macht des Königs, gewaltfrei und nur aus Kraft seiner gewählten Wörter zu durchbrechen. Der König hatte ebenso wenig damit gerechnet, dass ein Corrido-Sänger nicht nur den König positiv repräsentieren kann, sondern auch auf die selbe Weise die Macht dem König berauben kann.

Yuri Herrera gelingt es die Narco-Kultur kritisch dem Leser zu vermitteln, jedoch auch, dass diese Kultur Schwächen aufweist. Am Beispiel des Hauptprotagonisten wird eindrucksvoll beschrieben, dass es möglich ist, dem System eines Kartells zu entfliehen.

Die Macht der Wörter, die der Künstler mit sich trägt, ist zwar stärker als die Macht, die der König durch die Mitglieder erhält, jedoch nicht stärker, als die Struktur des Hofes.

Die erheblichste Kritik an der Narco-Kultur, die Herrera mit seinem Buch „Trabajos del Reino" dem Leser mitgeben möchte, ist, dass es zwar möglich ist, einzelne Mitglieder, sogar den Drogenboss zu entmachten, jedoch ist es nicht möglich, das Geschäft mit den Drogen zu stoppen. Im Buch wird die Übernahme der Macht des Drogenbosses durch den Erben besiegelt.

6. Schluss

In meiner Arbeit habe ich mir das Ziel gesetzt herauszufinden, wie es Yuri Herrera in seiner Novelle „Trabajos del Reino" gelingt, die Narco-Kultur und speziell das Leben in einem Drogenkartell kritisch darzustellen.

Diese Frage konnte ich beantworten, indem ich mich zunächst auf die inhaltliche Ebene des Buches bezogen habe und ersichtlich wurde, dass sich die Handlung mit den Eigenschaften der Definition über die Narco-Kultur, übereinstimmt.

Dadurch wurde die Thematik des Buches erkennbar, trotz der Nichtbenennung von zentralen Begriffen wie Drogen und Drogenboss, noch von Namen und Orten. Dadurch hat sich Herrera an die Kriterien der Narco-Literatur gehalten, indem diese Novelle nicht von der Drogenproblematik in Mexiko handelt, sondern dieses Thema durch den Vergleich zur Epoche des Mittelalters und der aktuellen Situation in Mexiko verbindet.

Auch während der Epoche des Mittelalters stand die Person des Königs über allem, wie ich im Kapitel der Macht des Königs erläutert habe und diese Macht als totalitär dargestellt habe. Durch diese Totalität werden auch die Mitglieder des Kartells beeinflusst, das man anhand der Person Lobo und dessen Wahrnehmungsperspektive sowie der Entwicklungsprozesse des Hauptprotagonisten erkennen kann. Die Intension, die Herrera mit der Erzählperspektive hat, ist, dass der Leser sich in die Lage von Lobo hineinversetzen kann und dadurch immer auf dem Stand von Lobo ist, der dem Rezipienten seine persönlichen Emotionen und Leidensprozesse zeigt. Die Hauptaussage des Buches ist, dass die Narco-Welt, die sich nach außen hin als mächtig und glorreich zeigt, innerhalb der Kartelle als zerbrechlich erweist und vor allem der König Schwächen aufzeigt. Die Darstellung der Narco-Kultur in der Öffentlichkeit kann als „mehr Schein als Sein" beschrieben werden.

Die Novelle von Yuri Herrera weist eine große Breite von thematischen Analysemöglichkeiten auf, die ich in meiner Arbeit nicht bearbeiten konnte, die jedoch einer weiteren Analyse bedürfen. Dazu zähle ich die Rolle der Frau im Drogenkartell, die in *Trabajos del Reino* durch die „starke" Hexe und der zerbrechlichen X-Beliebigen repräsentiert wird. Daraus Aus welchen Gründen treten Personen wie die X-Beliebige, die als Sex-Objekt benutzt wird, in ein Kartell ein?

Außerdem ist es interessant zu untersuchen, inwieweit sich das Leben in einem Kartell, in Bezug zur Erstausgabe der Novelle (2004) *Trabajos del Reino* zum jetzigen Zeitpunkt geändert hat, oder auch ob sich die Narco-Kultur innerhalb Mexikos weiter ausgebreitet hat.

Ein Anzeichen für die Aktualität seines Buches ist der Vergleich zwischen der fiktiven Person als Erbe und der realen Person „El Chapo" Gúzman.

Um der Narco-Kultur Wiederstand zu leisten, sieht Herrera als einzige Möglichkeit, dass das Problem nicht durch die Beseitigung der Drogenbosse gelöst wird, sondern dass die Menschen, die sich von der pompösen Außendarstellung der *Narcos* angesprochen fühlen, sich nicht davon blenden lassen, sondern aufgeklärt werden müssen. Dieses versucht Yuri Herrera mit seinem Buch, indem der Leser erkennt, dass die Narco-Kultur nur auf der einen Seite der Medaille zu finden ist, und zwar der der Scheinheiligkeit.

7. Literaturverzeichnis

Primärquelle:

Herrera, Y. (2010). *Trabajos del Reino* (3. Auflage). Cáceres: Editorial Periférica.

Sekundärquelle:

Adams, P. (2012). *Die USA im 20. Jahrhundert* (2. Auflage). München: Oldenbourg Wissenschaftsverlag GmbH.

Ahrens, J. (17. November 2015). *El Chapo Guzmán ha burlado en dos ocaciones el tercer militar.* (E. País, Herausgeber) Abgerufen am 8. Dezember 2015 von http://internacional.elpais.com/internacional/2015/10/18/mexico/1445191689_053466. html

Astorga, L. (2004). *Mitología del narcotraficante en México* (3. Auflage). México D.F: Plaza y Valdéz.

Bünting, Karl-Dieter; Bergenholtz, Henning. (1995). *Einführung in die Syntax: Grunfbegriffe zum Lesen einer Grammatik* (3. Auflage Ausg.). Frankfurt am Main: Beltz Athenäum Verlag.

Bauszus, J. (2. Oktober 2014). *Brutale Verbrechersydikate in Mexiko.* (Focus-Online, Herausgeber) Abgerufen am 6. Dezember 2015 von http://www.focus.de/panorama/welt/brutale-verbrechersyndikate-in-mexiko-diese-kartellbosse-fielen-ihrem-eigenen-drogenkrieg-zum-opfer_id_4176930.html

Carini, S. (2012). *El trabajo, al lector: Nuevas formas de presentación del poder. OGIGIA* (12), 45-57.

Eselborn-Krumbiegel, H. (1983). *Der „Held" im Roman: Formen des deutschen Entwicklungsromans im frühen 20. Jahrhundert.* Darmstadt: Wissenschaftliche Buchgesellschaft.

Fritz, M. (1973). *Die deutsche Novelle im ‚Bürgerlichen Realismus'. Überlegungen zur geschichtlichen Bestimmung des Formtyps* (2. Auflage Ausg.). (J. Kunz, Hrsg.) Darmstadt: Wissenschaftliche Buchgesellschaft.

Gómez, Omar Ivan; Figueroa, Arely. (29. September 2013). Imaginarios sociales, memorias y poscolonialidad: Imaginarios sociales de la narcocultura en México: el narcocorrido. *El Acta Científica del Congreso Latinoamericano de Sociología* (14), S. 1-16.

38

Hoffmann, K.-D. (2009). Regierung kontra Kartelle: Der Drogenkrieg in Mexiko. (F.-E.-S. e.V., Hrsg.) *Internationale Politik und Gesellschaft* (2), S. 65-77.

Kaller-Dietrich, M., & Mayer, D. (15. Februar 2012). *Geschichte Lateinamerikas im 19. und 20. Jahrhundert.* Abgerufen am 25. Dezember 2015 von http://www.lateinamerika-studien.at/content/geschichtepolitik/geschichte/geschichte-181.html

Lara, E. (2005). El narcocorrido como representación social: Esbozo teórico para un abordaje desde la psicología social. In U. N. Iztacala (Hrsg.). Nuevo León: Revista Electrónica de Psicología Iztacala.

Lara, E. (2003). *Salieron de San Isidro El corrido, el narcocorrido y tres de sus categorías de análisis: el hombre, la mujer y el soplón.* Un acercamiento etnográfico. Monterrey: Instituto Tecnológico y de Estudios Superiores de Monterrey.

Maihold, G., & Maihold, R. M. (2012). Capos, reinas y santos - la narcocultura en México . (V. Borsò, F. Leinen, & G. Rings, Hrsg.) *IMex. México Interdisciplinario* (3), 64-96.

Mondaca-Cota, A. (2012). *Narcocorridos, ciudad y vida cotidiana: espacios de expresión de la narcocultura en Culiacán, Sinaloa, México.* (I. T. Occidente, Hrsg.) Jalisco.

Orozco , G. (30. Mai 2014). *Los libros.* (VíveloHoy, Herausgeber) Abgerufen am 23. Dezember 2015 von http://www.vivelohoy.com/entretenimiento/8403774/narcoliteratura-cuando-el-narco-llego-a-los-libros

Penke, M. (17. Februar 2014). *Drogenkartelle: Mörder, Gesetzloser, Wohltäter.* Abgerufen am 21. Dezember 2015 von http://www.tagesspiegel.de/weltspiegel/drogenkartelle-guzman-wird-staatsfeind-nr-1-eine-ehre-die-nur-al-capone-je-verliehen-bekam/9494514-2.html

Salazar, A. (15. August 2009). *Narcoliteratura: letras sin miedo.* Abgerufen am 25. Dezember 2015 von http://www.elespectador.com/impreso/cultura/articuloimpreso156298-narcoliteratura-letras-sin-miedo

Schönherr, V. (2012). Nachrichten aus dem Verwüstungsgebiet: Der mexikanische Drogenkonflikt in der erzählenden Literatur. In W.-D. Vogel (Hrsg.), *Narcozones: Entgrenzte Märkte und Gewalt in Lateinamerika* (S. 85-94). Berlin: Assoziation A Verlag.

Schamanische Krafttiere. (2. September 2013). *Schamanische Krafttiere.* Abgerufen am 27. Dezember 2015 von http://www.schamanische-krafttiere.de/Krafttier_Pfau.html

Schmid, W. (2005). *Elemente der Narratologie.* Berlin: Walter de Gruyter.

Selbmann, R. (1994). *Der deutsche Bldungsroman* (2. Auflage). Stuttgart: Verlag J. B. Metzler.

Senckel, B. (1983). *Individualität und Totalität: Studien zur deutschen Literatur.* Tübingen: Max Niemeyer Verlag.

Villatoro, Carolina. (2013). Aspectos socioculturales e imágenes del narcotráfico. *Imagonautas: revista Interdisciplinaria sobre imaginarios sociales , 3* (1), S. 56-75.

Wenzel, P. (2004). *Einführung in die Erzähltextanalyse* (Bd. 6). Trier: Wissenschaftlicher Verlag Trier.

8. Abbildungsverzeichnis

Lightning Source UK Ltd.
Milton Keynes UK
UKHW041829130519
342610UK00001B/46/P